직업놀이 스티커북

팝팝진로맵연구소

팝팝북

팝팝진로맵연구소

팝팝진로맵연구소는 현재 유아교육기관 전문지원센터인 〈다비즈〉와의 상호 협력으로 아이들의 진로와 관련된 콘텐츠와 교구를 개발·제작하고 있다.

팝팝진로맵연구소장은 출판과 진로 관련 교육활동을 꾸준히 해오고 있으며, 서울특별시 교육청의 학부모 진로코치 지원단 위원, 진로적성지도사로도 활동 중이다.

번역서로 『나의 가족과 친구들』, 『재미 가득 창의력 쑥쑥 팝업북 만들기(전2권)』 등이 있다.

직업놀이 스티커북

초판 1쇄 발행 2020년 4월 13일
6쇄 발행 2024년 11월 1일

기획 팝팝진로맵연구소
펴낸이 김연순

표지 및 본문 일러스트 양아연
표지 및 본문 디자인 이인선

펴낸곳 도서출판 팝팝북
등록번호 제 25100-2020-000017호
주소 경기도 파주시 송학1길 158-22 어반포레스트 나동 101호
전화 070-8807-7750
팩스 031-947-7750

홈페이지 www.popopbook.com
블로그 http://blog.naver.com/popopbook

ISBN 979-11-970113-0-6 77630

재주나라 운동선수

운동선수는 튼튼한 몸과 강한 체력을 가지고 있어야 해요.
여러 명이 함께 하는 경기에서는 서로 협동해요.
축구선수에게 스티커로 운동복을 입혀 주세요. 축구공도 필요해요.

축구공

운동화

운동복

친구나라 간호사

간호사는 의사를 도와 환자에게 주사도 놓고 약도 먹여 주어요.
간호사가 환자를 잘 돌봐주면 병도 빨리 나을 수 있어요.
간호사에게 스티커로 옷을 입혀 주고 필요한 것을 찾아 주세요.

주사기
간호모
편한 신발
환자기록부

탐구나라 과학자

과학자는 자연을 관찰하고 탐구해요. 곤충이나 동물, 혹은 우주에 대해서 연구해요.
사람들에게 유용하고 도움이 되는 일을 해요.
과학자가 실험을 할 수 있도록 필요한 것을 찾아 붙여 주세요.

삼각플라스크
메스실린더
보안경
실험가운

도전나라 경찰관

경찰관은 국민을 안전하게 보호해 주고 재산을 지켜 주어요. 도둑이나 강도들이 범죄를 저지르면 현장에 가장 먼저 달려가요. 그리고 법을 위반한 사람들을 체포해요. 이 경찰관은 지금 교통정리를 하는 중이에요. 무엇이 필요할까요?

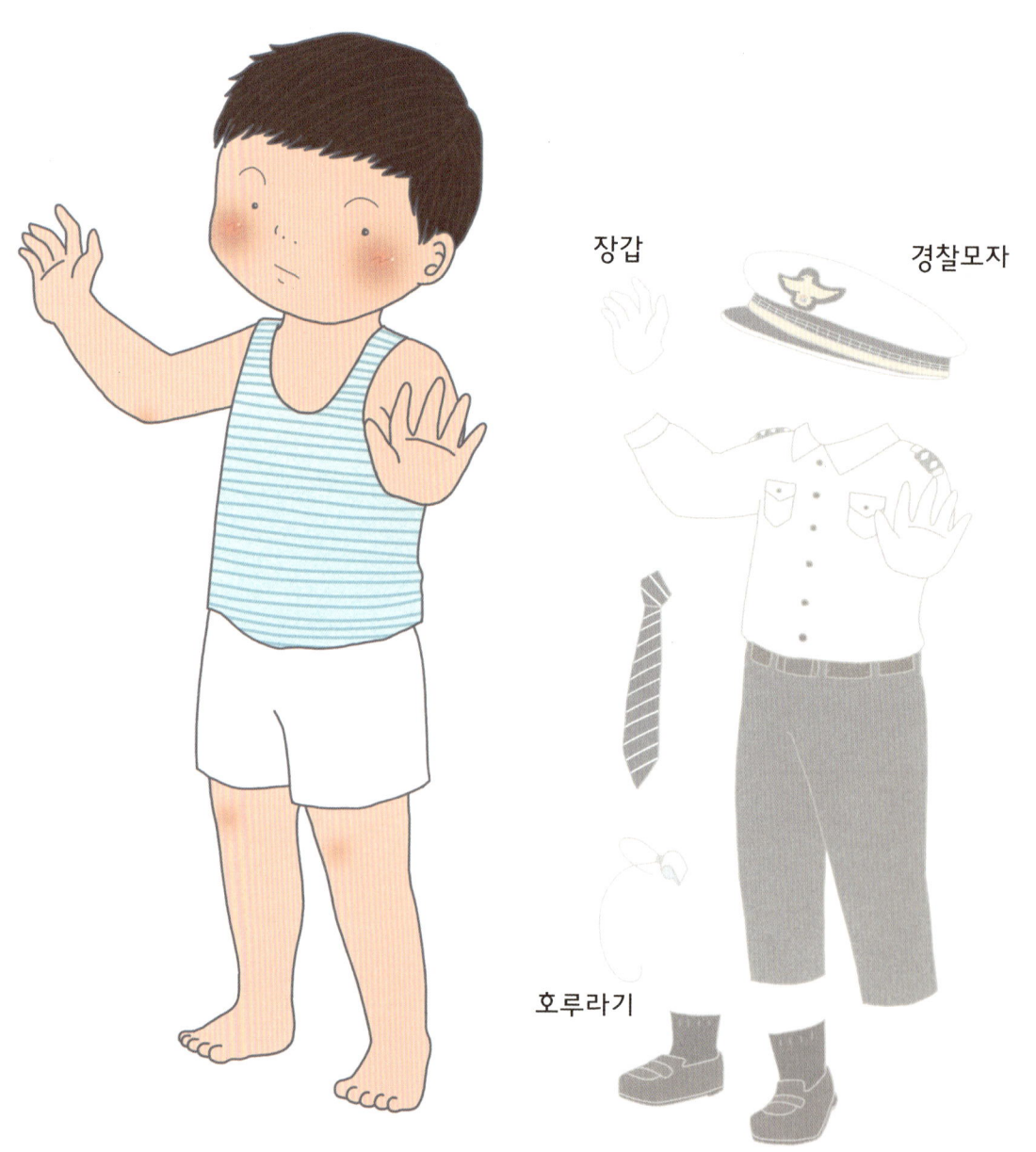

장갑   경찰모자

호루라기

창의나라 **가수**

가수는 노래를 불러 사람들을 즐겁게 해 주어요.
요즘에는 오락 프로그램이나 드라마, 영화에 출연하기도 해요.
신나게 노래하고 있는 가수에게 옷을 입혀 주고 마이크도 찾아 주세요.

무대복

선글라스

마이크

나비넥타이

꼼꼼나라 은행원

은행원은 은행에서 저축을 하거나 돈을 찾고 싶은 고객을 도와주어요.
돈과 수표, 그리고 통장 등을 미리 준비해 놓지요.
지금 은행원이 통장을 만들어 왔어요. 스티커를 찾아 붙여 주세요.

통장

은행 유니폼

재주나라 소방관

소방관은 사람들과 재산을 보호해요. 화재가 나면 달려가 불을 끄고 사람들을 구해 주지요.
태풍이나 홍수로 건물이 무너지거나 가스 폭발 같은 사고가 터졌을 때도 출동해요.
소방관이 위험하지 않게 스티커로 복장을 갖추어 주세요.

안전모

보호장갑

방화복

안전화

친구나라 **요리사**

요리사는 레스토랑이나 음식점에서 재료를 준비해서 음식을 만들어요.
손님이 주문한 음식을 조리하고 새로운 요리를 개발하기도 해요.
요리사에게 맞는 스티커를 붙여 주세요. 맛있는 요리를 가져다 줄 거예요.

조리모
조리복
앞치마
조리용 집게

의사는 치료를 하거나 수술을 해서 환자가 건강을 되찾을 수 있게 해 주어요.
질병을 연구하고 의약품이나 의학 기술을 개발하기도 하지요.
의사가 환자를 진찰할 수 있도록 옷과 도구를 찾아 붙여 주세요.

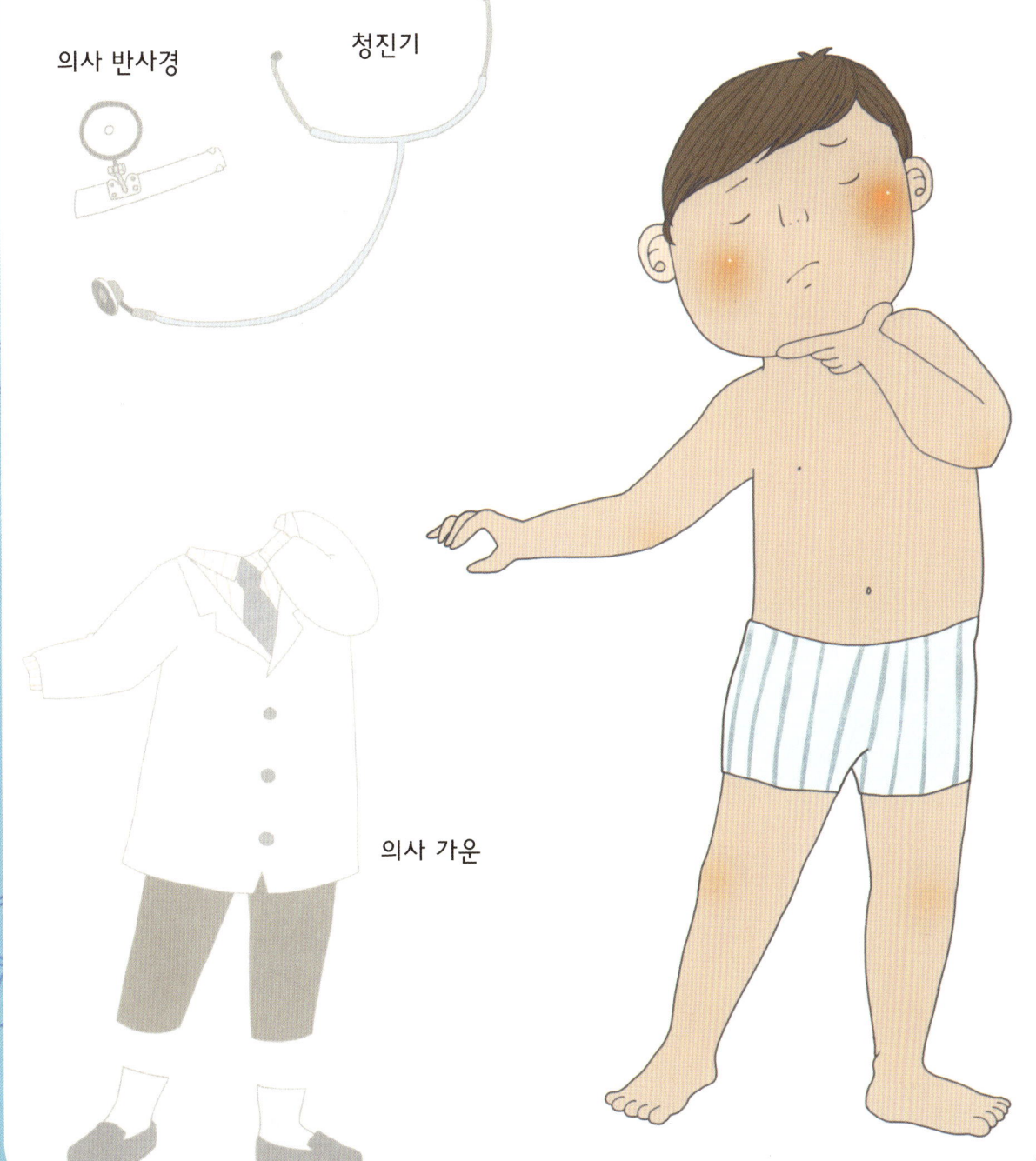

의사 반사경

청진기

의사 가운

도전나라 기자

기자는 새롭고 다양한 소식을 사람들에게 전해 주어요.
중요한 일이나 사고가 발생한 현장 등 사람들이 궁금해 하는 곳을 찾아다니지요.
지금 기자가 소식을 전하려고 해요. 가장 필요한 것이 무엇일까요?

편한 복장

방송국 로고

마이크

창의나라 발레리나

발레리나는 온몸으로 아름다움을 표현하는 예술가예요.
주로 여러 명이 각자의 역할을 맡아 무대에서 발레와 연기를 해요.
스티커를 붙여서 옷을 완성해 주세요.

토슈즈

장갑

발레복

꼼꼼나라 사서

사서는 도서관에서 책을 분류하고 관리해요.
사람들에게 책을 찾아 주기도 하고 대출도 해 주어요.
지금 사서는 책을 분류해 놓으려고 해요. 스티커를 찾아 붙여 주세요.

책

재주나라 동물사육사

동물사육사는 동물을 보살피는 일을 해요. 어미가 없는 새끼는 대신 길러 주어요. 사람들에게 멋진 재주를 보여 주도록 동물을 조련하는 일도 하지요. 사육사가 동물들과 즐겁게 놀고 있어요. 스티커를 찾아 붙여 주세요.

모자
보호장갑
조끼
작업복

친구나라 선생님

선생님은 학생을 가르치는 일을 해요. 또 바른 생활습관을 가지도록 도와주어요.
학생들 사이에서 싸움이 일어나지 않도록 예방하는 일도 해요.
선생님에게 어울리는 스티커를 찾아 붙여 주세요.

교과서

분필

실내화

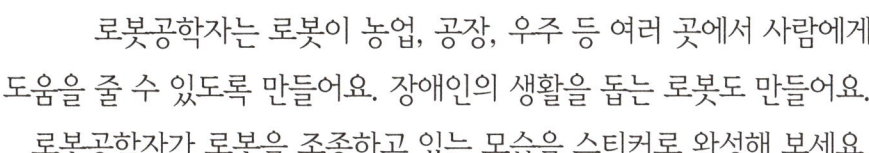

탐구나라 **로봇공학자**

로봇공학자는 로봇이 농업, 공장, 우주 등 여러 곳에서 사람에게 도움을 줄 수 있도록 만들어요. 장애인의 생활을 돕는 로봇도 만들어요. 로봇공학자가 로봇을 조종하고 있는 모습을 스티커로 완성해 보세요.

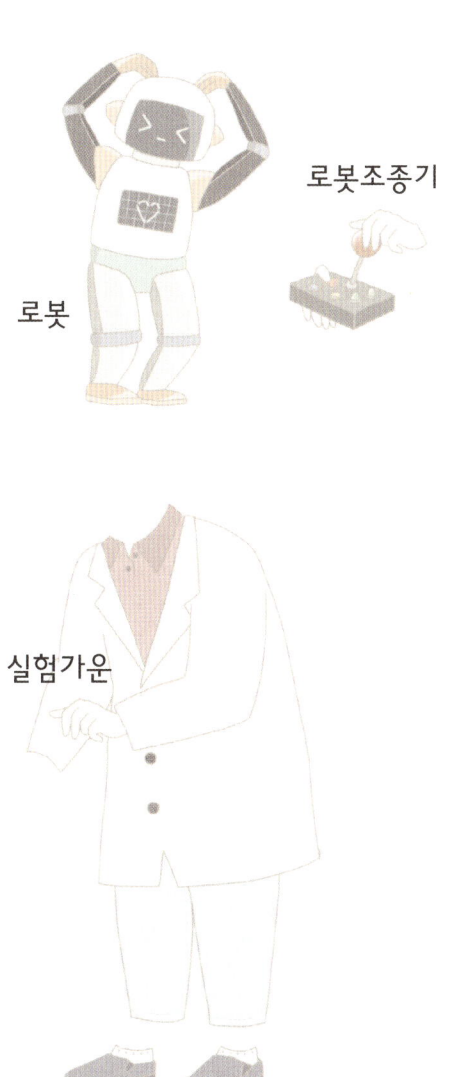

로봇 로봇조종기

실험가운

도전나라 판사

판사는 사람들 사이에 다툼이 생기면 잘못한 사람을 가려내 주어요.
판사는 법에 따라서 공정한 심판을 해야 해요.
판사에게 필요한 스티커를 찾아 붙여 보세요.

옳고 그름을 재는 저울

정의를 지키기 위한 법전

판사복

창의나라 마술사

마술사는 재빠른 손놀림과 속임수로 사람들을 즐겁게 해 주어요.
마술이 더 재미있도록 연기를 하거나 춤을 추기도 해요.
마술사가 멋진 마술을 보여 주도록 필요한 도구를 스티커로 붙여 주세요.

마술모자

마술카드

마술지팡이

마술사복

꼼꼼나라 공무원

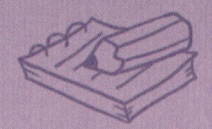

동사무소나 구청에서 일하는 공무원은 서류나 신분증을 만들어 주어요.
지역 주민들이 불편해 하는 일들을 해결해 주어요.
지금 공무원이 열심히 일하고 있어요. 스티커를 찾아 붙여 보세요.

주민등록증

불만접수장

 **표정스티커**
여러분은 어떤 표정을 짓고 있나요?
일기장에 붙여 보세요~

 운동선수, 간호사

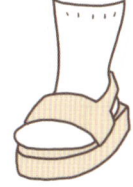
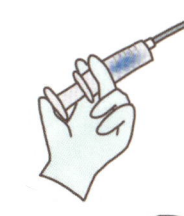

과학자, 경찰관

가수, 은행원

소방관, 요리사

기자, 의사

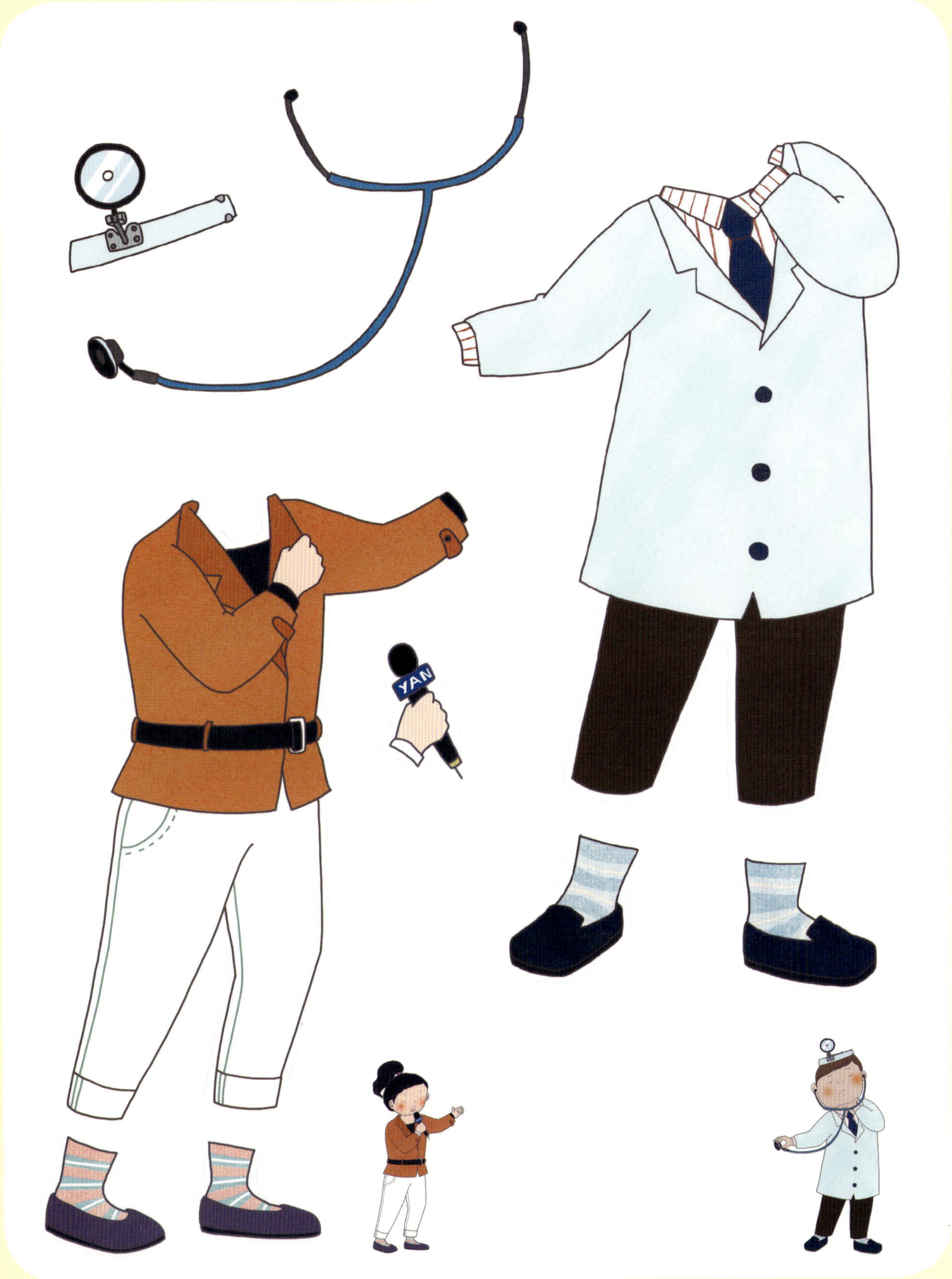

발레리나, 사서

동물사육사, 선생님

로봇공학자, 판사

 마술사, 공무원